Bibliografische Information der Deutschen Nationalbibliothek:

Die Deutsche Bibliothek verzeichnet diese Publikation in der Deutschen Nationalbibliografie; detaillierte bibliografische Daten sind im Internet über http://dnb.d-nb.de/ abrufbar.

Impressum:

Druck und Bindung: Books on Demand GmbH, Norderstedt Germany
ISBN: 978-3-668-07957-1

Dieses Buch bei GRIN:

http://www.grin.com/de/e-book/309331/scrum-im-it-grossprojekt

Sebastian Storch

SCRUM im IT-Großprojekt

Erarbeitung einer Entscheidungsmatrix zur Bestimmung der geeigneten architekturellen Vorgehensweise

GRIN Verlag

FOM Hochschule für Oekonomie & Management
Studienzentrum München

Hausarbeit

im Fach

IT-Architekturen und Sicherheitsmanagement

über das Thema

SCRUM im IT-Großprojekt:

Erarbeitung einer Entscheidungsmatrix zur Bestimmung der geeigneten architekturellen Vorgehensweise

von

Sebastian Storch

Inhaltsverzeichnis

Abbildungsverzeichnis

Tabellenverzeichnis

1 Einleitung

1.1 Ausgangslage

Agile Methoden, wie beispielsweise SCRUM, erlauben eine hocheffiziente Entwicklung und schnelle Auslieferung von Softwareartefakten. Der Fokus agiler Methoden liegt grundsätzlich auf kleinen Teams, mit der Vorgehensweise „Scrum of Scrums“ ist auch auch eine Skalierung auf Großprojekte möglich. In der Praxis werden die Möglichkeiten der agilen Softwareentwicklung gerne als der einzig wahre Lösungsweg für Projekte angepriesen, ohne genau im Detail zu beleuchten, welche Voraussetzungen und Umgebungen geschaffen werden müssen, um einen erfolgreichen Einsatz dieser zu erreichen. Diese nicht vollständig durchdachte Einführung agiler Methoden in die Unternehmens-/Projektstruktur wird oftmals als „WaterScrumFall“ bezeichnet (vgl. [FWVH12, S. 69]).

Aus diesen unvollständigen Integrationen werden die Argumente der Kritiker geschürt, dass agile Softwareprojekte nicht planbar, chaotisch und Ergebnisse in variabler Qualität liefern. Um diesen Sachverhalt zu verbessern, wurde u.a. die Vorgehensweise des Reliable SCRUM entworfen (vgl. [GP02; Mül12]). Jedoch wird selten beleuchtet, welche architekturelle Vorgehensweise, in jeweils extremer Ausbildung als „Big Up-Front Design“ (BUFD) bzw. „You ain't gonna need it“ (YAGNI) bezeichnet, die niedrigsten langfristigen Kosten aufweist und somit den Projekterfolg maßgeblich unterstützt.

Die vorliegende Arbeit soll anhand des Design Science Research Framework nach Hevner (vgl. Kapitel 1.2) aufzeigen, ob es möglich ist eine Entscheidungsgrundlage für die projektspezifische Entscheidung über die Wahl der geeigneten architekturellen Vorgehensweise zu bieten. Die Ausgangssituation bildet dabei ein mit SCRUM durchzuführendes Großprojekt mit dessen Projektumfeldbedingungen. Der Fokus der Arbeit liegt dabei auf der Identifikation der geeigneten kritischen Erfolgsfaktoren (vgl. Abb. 4) für die Auswahl der Vorgehensweise in der IT-Architektur, wie diese im Kontext zueinander stehen und wie der Prozess zur Entscheidungsfindung (vgl. Abb. 5) vonstatten gehen kann.

1.2 Ziel der Arbeit

Als Primärziel der vorliegenden Arbeit ist die Informationsgewinnung während der Analysephase und Evaluierung von IT-Artefakten definiert [HMP+04; OBF+10]. Da die Arbeit eine praxisrelevante Ausrichtung hat, werden die angeführten Veröffentlichungen in Anlehnung an das Design Science Research Framework nach Hevner entwickelt. Dessen Ansatz liegt darin, neue und innovative (IT-) Artefakte zu erstellen, welche den aktuellen Wissenskorpus erweitern und nachgewiesen relevant sind. Hierfür müssen die sieben von Hevner definierten Richtlinien erfüllt sein. Die folgende Auflistung in Tabelle 1 zeigt, wie diesen im Rahmen der vorliegenden Arbeit begegnet wird:

Richtlinie	Beschreibung	Bezug zur Arbeit
Design als Artefakt	Die Design Science Forschung muss ein tragfähiges Artefakt in Form eines Konstruktes, einer Methode, eines Modells oder einer Instanziierung hervorbringen.	In der vorliegenden Arbeit wird versucht, aus praktischen Erfahrungswerten und angeeignetem (theoretischen) Domänenwissen ein neues Modell als Entscheidungsgrundlage für die Wahl der architekturellen Vorgehensweise in einem agilen Großprojekt zu schaffen.
Relevante Problemstellung	Das Ziel der Design Science Forschung ist es, technologiebasierte Lösungen für wichtige und relevante Unternehmensprobleme zu entwickeln.	Die Zielsetzung der vorliegenden Arbeit zielt auf ein wirtschaftlich relevantes Problem ab, für welches explizit Lösungsalternativen gesucht werden.
Evaluierung des Designs	Die Brauchbarkeit, Qualität und Wirksamkeit eines Design-Artefakt muss konsequent in einem gut ausgeführten Bewertungsverfahren nachgewiesen werden.	Der abstrakt entwickelte Netzplan kann im Rahmen der Hausarbeit nicht an einem realen Fallbeispiel verprobt werden. Dies kommt einer ersten, nur teilweise repräsentativen Evaluation gleich.

Forschungs-beitrag	Effektive Design Science Forschung muss klare und überprüfbare Beiträge in den Bereichen Design Artefakt, Design Stiftungen und/oder Design-Methoden aufweisen.	Die Erarbeitung eines Netzplanes und der prozessualen Vorgehensweise als Grundlage für die Wahl der architekturellen Vorgehensweise ist in diesem Maß noch nicht durchgeführt worden und soll einen entsprechenden Forschungsbeitrag leisten.
Forschungs-sorgfalt	Die Design Science Forschung beruht auf der Anwendung gründlicher Methoden sowohl in der Konstruktion als auch in der Evaluation des Designs Artefakts.	Die praktischen Erfahrungen und die der Literatur entnommenen Domänenkenntnisse ermöglichen die Konstruktion eines Design Artefakts. Eine Evaluation kann im Rahmen der Hausarbeit nicht durchgeführt werden und muss somit in weiteren Arbeiten erfolgen.
Design als Suchprozess	Die Nutzung iterativer Suchprozesse sollte der Lösungsentwicklung folgen, während die Methoden des jeweiligen Forschungsgebietes genutzt werden. Die Iteration dient der stetigen Verbesserung der Lösung.	Die bisher gesammelte Erfahrungen des Autors werden mit theoretischen Grundlagen verheiratet. Die Erarbeitung eines Netzplanes und Prozessvorgehens soll eine generische Empfehlungsgrundlage für die Wahl der architekturellen Vorgehensweise bieten und mittel- und langfristig durch weitere Arbeiten verbessert werden.
Ergebnis-kommunikation	Die Ergebnisse müssen verständlich, sowohl dem technisch- als auch dem managementorientierten Publikum präsentiert werden.	Die im Rahmen der Arbeit aufkommenden Ergebnisse werden durch eine Präsentation in einem Fachkreis im Rahmen des Studiums kommuniziert und dient einer Sensibilisierung der dort anwesenden Personen. Eine spätere Publikation der Ergebnisse ist nicht ausgeschlossen.

Tabelle 1: Die sieben Richtlinien nach Hevner in Bezug auf diese Arbeit [HMP+04, S. 83]

1.3 Aufbau der Arbeit

Nach der Präsentation der Ausgangslage und Zielsetzung im Abgleich mit der zugrunde liegenden Forschungsmethodik in Kapitel 1.2 befasst sich Kapitel zwei mit den theoretischen Grundlagen und Begriffsdefinitionen. Hierzu werden die für die Hausarbeit relevanten Begrifflichkeiten erläutert. Anschließend erfolgt eine Beschreibung der fünf kritischen Erfolgsfaktoren in Kapitel 3.1 nach Boehm und eine Erweiterung seines Netzmodells auf sieben Faktoren.

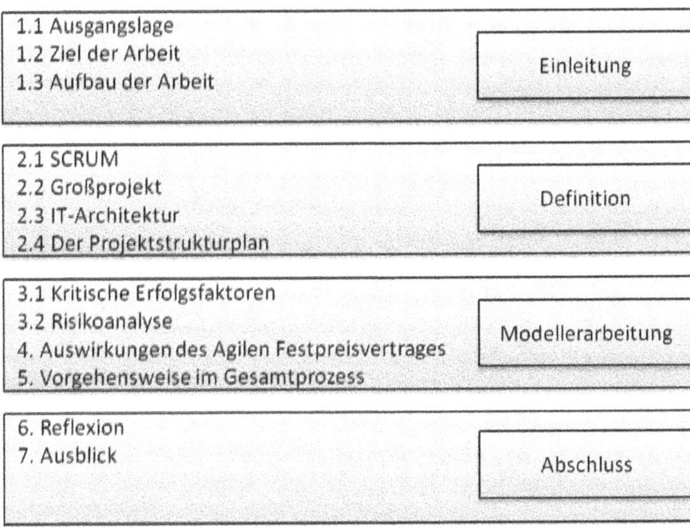

Abbildung 1: Aufbau der Arbeit

Das darauf folgende Subkapitel geht auf die Risikoanalyse bei der Bewertung der Vorgehensweise innerhalb eines Projektes ein und bietet die letzte Sicht für die Modellierung des Gesamtprozesses in Kapitel 5. Der Fokus liegt vor allem auf der Definition und Absicherung der Vorgehensweise. Abschließend erfolgen eine kritische Würdigung der Arbeit sowie ein Ausblick auf zukünftige Forschungs- und Entwicklungsmöglichkeiten (vgl. Abbildung 1).

2 Definitionen

2.1 SCRUM

Das SCRUM Framework wird bereits seit 1993 in Projekten eingesetzt, weit vor der Definition des agilen Manifests [BBB+01; Lar03; Sut04]. „Scrum ist ein agiles Management-Framework zur Entwicklung von Software, das aus wenigen klaren Regeln besteht. Diese beinhalten die Anwendung der drei Rollen Product Owner, Team und Scrum Master, die Verwendung eines priorisierten Product Backlog sowie das Erstellen von Produktinkrementen innerhalb kurzer Arbeitszyklen, die Sprints genannt werden“ [Pic08, S. 1]. Zusätzlich finden am Ende jedes iterativen Entwicklungszyklus die Kundenabnahme (=Review) und eine Retrospektive statt (vgl. [Pic08; Sch04]). Nur durch eine disziplinierte Anwendung dieser wenigen Regeln ist ein Erfolg mit Hilfe von SCRUM möglich. Der gesamte Anforderungskatalog ist im Product Backlog hinterlegt und die Anforderungen werden partiell pro Sprint in Produktinkremente gewandelt, welche direkt Verwendung im produktiven Einsatz finden können.
Die Sprints sind im Vorfeld in ihrer Länge fest terminiert und dürfen während der Laufzeit nicht verändert werden, dies würde das Prinzip des „timeboxing“ verletzen. Bevor der erste Sprint gestartet werden kann, müssen das Product Backlog mit den Anforderungen befüllt und die Stakeholder, das Team, der Scrum Master und der Product Owner einsatzbereit sein [Pic08].

2.2 Großprojekt

Ob ein Projekt ein „Großprojekt“ oder nur ein „großes Projekt“ ist, hängt vom Standpunkt des Betrachters ab. Was für ein Unternehmen Alltag ist, kann für das andere ein singuläres Ereignis sein. Die vorliegende Hausarbeit orientiert sich an folgenden Beurteilungskriterien [Ang]:

- Das Projektbudget sollte den Jahresumsatz des Unternehmens übersteigen
- Ein Scheitern des Projektes birgt ein erhebliches wirtschaftliches Risiko
- Die Projektlaufzeit sollte über ein Jahr betragen
- I.d.R. wird eine eigene Projektorganisation gegründet. Daraus folgen auch eigenständige Führungs- und Entscheidungsstrukturen
- I.d.R. 500 - 100.000 Vorgänge mit einer Vernetzungszahl >1
- Ein Großprojekt muss in Teilprojekte gegliedert sein

2.3 IT-Architektur

2.3.1 Definition

Der Begriff der IT-Architektur ist im Bereich der Informationstechnologie nicht eindeutig definiert. Grundsätzlich werden darunter die Fundamente und Säulen eines Software-Systems verstanden. Es werden hierbei die Systembestandteile samt Funktionen, die Bestandteil-Beziehungen, die Systemumwelt und die Beziehung von/zur Umwelt beschrieben, wobei Implementierungsdetails nicht enthalten sind. Es soll nur eine Übersicht über die Systemkomplexität aufgezeigt werden [VAC+08, 8ff]. Die Erarbeitung der Architektur für ein Software-System kann auf verschiedene Arten hergeleitet werden.
Zum Einen kann sie mühsam aus den Anforderungen und Rahmenbedingungen, zum Zweiten aus Erfahrungen vergangener Projekte oder zum Dritten aus Referenzarchitekturen bzw. Entwurfsmustern erarbeitet werden. Das Ziel ist der Entwurf einer den Anforderungen und Rahmenbedingungen gerecht werdenden Architektur [Ang12, S. 5]. Was jedoch ist eine gerecht werdende Architektur? - Unter Berücksichtigung des Laufzeitverhaltens sollte die Software mit vertretbarem Aufwand erstellbar und leicht verständlich sein [Sho06]. Ein weiteres Augenmerk muss auf eine kostengünstige Anpassung gelegt werden, da durchschnittlich 40 bis 90 Prozent der Softwarekosten in der Wartungsphase, und somit im Produktivbetrieb, entstehen[PP06, S. 20].

2.3.2 Gibt es ein sinnvolles Maß an IT-Architektur?

Kaum ein Thema polarisiert so extrem, wie „Welches Maß an IT-Architektur ist sinnvoll?“ bzw. „Wann ist der optimale Zeitpunkt zwischen Geschäftsrisiko und der Rendite erreicht?“. Hier existieren zwei Extreme, welche die maximalen Ausprägungen der IT-Architektur beschreiben; BUFD für „big up-front design“ und YAGNI für „You ain't gonna need it“. In der Realität gibt es noch viele Gestaltungsspielräume zwischen den genannten Extremen, da zwar weder BUFD noch YAGNI die vollkommene Wahrheit darstellen, aber in vielen Punkten ihre Daseinsberechtigung aufweisen. BUFD kann u.a. nicht mit verspätet/unerwartet auftauchenden Anforderungen umgehen, denn dies bedeutet einen massiven vorhergehenden Aufwand. Präventive Systemspekulationen bieten am Ende des Tages Systemfunktionalitäten, die keinen direkten Mehrwert für den Kunden darstellen und somit auch keine Nutzung erfahren. Diese Aspekte der Software-Entwicklung sind ein offenes Geheimnis und sind Teil der modernen Software-Engineering Landschaft geworden.

Der Trend wendet sich von BUFD ab. Die Argumentation bezüglich YAGNI gestaltet sich subtiler, zumindest in Anbetracht der derzeitigen üblichen Software-Entwicklungen. Mit YAGNI kann das Gedankengut der agilen Software-Entwicklungsmethoden gut repräsentiert werden, da es vermieden wird, Dinge zu entwickeln, die eventuell nicht benötigt werden [JA01, 219ff]. Aufgrund der Lage der IT-Architektur

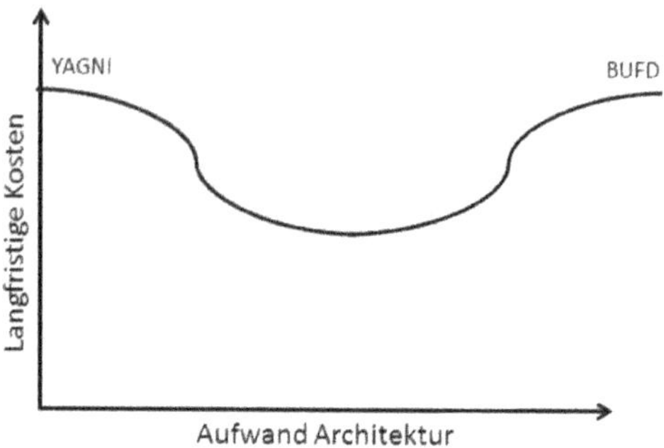

Abbildung 2: Welches Maß an Architektur ist sinnvoll? [CB10, S. 160]

ist es schwierig, grundlegende Implementierungsdetails abzuändern, wenn diese einmal angewendet und implementiert sind. Dieser Sachverhalt legt nahe, einen vorhergehenden Planungs- und Prozessgedanken im Rahmen der architekturellen Vorgehensweise zu implementieren. BUFD und YAGNI bilden hier nur die zwei Extreme des gesamten Spektrums ab, wobei die langfristigen Kosten des Produktes bei beiden Alternativen auf einem gleichen Niveau liegen (vgl. Abbildung 2). Um eine Senkung der langfristigen Kosten erreichen zu können, bedarf es eines Modells bzw. einer Entscheidungsgrundlage, auf Basis derer die Auswahl der geeigneten IT-Architektur erfolgt, um die Produktentwicklung zu ermöglichen und Nacharbeiten zu minimieren, allerdings nicht so weit, dass nicht benötigte Artefakte erstellt werden [CB10, 159ff]. Um diese Entscheidungsgrundlage erarbeiten zu können, muss das gesamte Projekt mit Hilfe eines Projektstrukturplans in plan- und kontrollierbare Elemente untergliedert werden.

2.4 Der Projektstrukturplan

Der Projektstrukturplan, kurz PSP, ist eine Gliederungsstruktur, die innerhalb eines Projektes stattfindet. Es werden dort alle relevanten technischen, Projektmanagement- und Problemlösungsaktivitäten abgebildet. Die Überprüfung auf Vollständigkeit gestaltet sich sehr simpel und dadurch leitet sich ein weiterer Vorteil der detaillierten

Projektstrukturierung ab: Es können keine notwendigen Arbeitspakete vergessen werden und somit wird Termin- und Kostenüberschreitungen, sowie Qualitätsmängeln vorgebeugt.
Zunächst wird das ganze Projekt in Teilaufgaben zerlegt, um alle notwendigen Arbeitspakete zu erfassen. Diese Aufwände der Arbeitspakete können präzise erhoben werden. Zudem wird eine Hilfestellung bei der Strukturierung des Projektablaufplans gegeben und die Unterscheidung in mögliche Teilprojekte und -aufgaben ermöglicht eine Kompetenzaufteilung des Gesamtprojekts. Es existieren drei mögliche Arten, wie ein Projektstrukturplan strukturiert sein kann; Gemischt, Objekt- und Funktionsorientiert.
Bedingt durch die Möglichkeiten des Projektstrukturplans kann ein Großprojekt bis in ein gewisses Detaillevel aufgespalten und auf Vollständigkeit geprüft werden. Bei dedizierten und abgrenzbaren Aktivitäten ist es möglich, eigene Kompetenzbereiche zu schaffen und so Teilprojekte innerhalb des Großprojektes zu gründen. Die Darstellung erfolgt typischerweise in einer Baumstruktur [And13, 430ff].

3 Erarbeitung einer Entscheidungsmatrix

3.1 Kritische Erfolgsfaktoren

Um eine Entscheidungsmatrix für die Wahl der geeigneten architekturellen Vorgehensweise innerhalb eines Projektes erarbeiten zu können, müssen zunächst die kritischen Erfolgsfaktoren bestimmt werden. Nach Barry Boehm (2003) existieren fünf kritische Erfolgsfaktoren, die bei der Wahl der Projektvorgehensweise beachtet werden müssen (vgl. Tabelle 2). Diese Faktoren sind die Projektgröße, -kritikalität, -dynamik, -mitarbeiter und -kultur und werden mit ihren grundlegenden Prinzipien kombiniert, um eine gegenseitig abhängige Skalierung zu erreichen.
Das Ergebnis kann grafisch in einem Netzplan dargestellt werden. Die Faktoren der Projektgröße und -kritikalität basieren dabei auf den Ergebnissen von Alistair Cockburn [Coc01]. Die Projektkultur reflektiert die Realität, dass agile Methoden in einem chaotischen Umfeld eine höhere Erfolgsquote aufweisen, als sequentiell durchgeführte Projekte [Pet91; BT03].
Diese fünf Faktoren zeigen eine erste Tendenz für die Wahl der geeigneten IT-Architektur auf. Da ein Großprojekt mit Hilfe des in Kapitel 2.4 vorgestellten Projektstrukturplanes in 1-n Teilprojekte unterteilt werden kann, kann für jeden definierten Kompetenzbereich ein solcher Netzplan befüllt werden.
Da in einem Großprojekt die einzelnen Teilprojekte voneinander abhängig sind,

Faktor	Agile Diskriminatoren	Plangesteuerte Diskriminatoren
Projektgröße	Auf kleine Projekte zugeschnitten; Vertrauen auf implizites Wissen schafft eine Grenze bei der natürlichen Skalierbarkeit.	Methoden, um große Produkte zu entwickeln; Schwierig auf kleine Projekte zuzuschneiden.
Projektkritikalität	Bis dato ungetestet auf dem Gebiet der sicherheitskritischen Produkten; Mögliche Schwierigkeiten mit einfachem Design und unzureichender Dokumentation.	Methoden, um auch sicherheitskritische Produkte zu entwickeln; Schwierig auf gering sicherheitskritische Produkt zu eskalieren.
Projektdynamik	Das einfache Design und das kontinuierliche Refactoring sind exzellent für hoch dynamische Umgebungen; Es birgt jedoch die Gefahr von teuren Doppelarbeiten zu Gunsten der Systemstabilität.	Detaillierte Planung und ein hohes Maß an Vorausplanung sind für ein stabiles Umfeld ausgelegt; Eine nachträgliche Dynamisierung kann teure Doppelarbeiten nach sich ziehen.
Projektpersonal	Benötigt kontinuierliche Präsenz von Experten (Level 2-3); Der Einsatz von, speziell nicht-agilen, unerfahrenen Personen ist riskant (Level 1B).	Benötigt eine kritische Masse an Experten zur Definitionsphase; Spätere Arbeiten können mit weniger Experten vollzogen werden. Kann auch mit einem gewissen Prozentsatz an unerfahreren Personen umgehen.
Projektkultur	Gedeiht in einer Kultur, in der die Menschen sich wohl fühlen und durch viele Freiheitsgrade ein hohes Maß an Selbstbestimmung aufweisen.	Gedeiht in einer Kultur, in der die Menschen sich wohl fühlen und durch klare Richtlinien und Vorgehensbeschreibungen den Rahmen ihrer Rolle vorgegeben bekommen.

Tabelle 2: Krit. Erfolgsfaktoren bei der Wahl der Projektvorgehensweise [BT03, 51ff]

um den Erfolg des Gesamtprojektes sicherstellen zu können, muss dies mit Hilfe einer Projektabhängigkeitsmatrix, wie beispielhaft in Abbildung 3 dargestellt und in die weitere Bewertung integriert werden [MC01]. Aus den Ergebnissen der Projektabhängigkeitsmatrix lassen sich zwei weitere Bewertungsgrößen ableiten: „Projekteinfluss“ und „Projektbeeinflussung“. Je höher der Einfluss eines Teilprojektes auf andere Teilprojekte ist, desto strukturierter und sequenzieller sollte dieses Projekt vorgehen, damit die abhängigen Projekte eine möglichst gute Planungsgrundlage für ihr Teilprojekt erarbeiten können. Bei der Projektbeeinflussung hingegen gilt das Prinzip, dass je mehr Einflüsse auf ein Projekt einwirken können, desto flexibler und

Wirkung VON/AUF	A	B	C	D	E	F	G	Summe Einfluss
Teilprojekt A			1			1	1	3
Teilprojekt B				1		1		2
Teilprojekt C	1	1			1			3
Teilprojekt D		1					1	2
Teilprojekt E		1				1		2
Teilprojekt F		1		1				2
Teilprojekt G		1			1			2
Summe Beeinflussung	1	5	1	2	2	3	2	**16**

Abbildung 3: Beispielhafte Darstellung einer Projektabhängigkeitsmatrix [MC01]

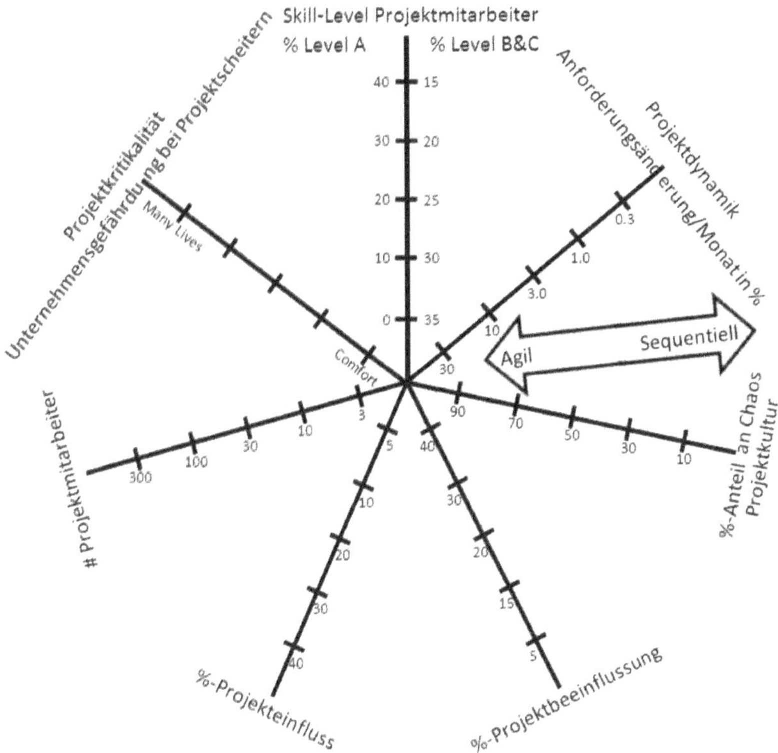

Abbildung 4: Netzplan - Erweiterte kritische Entscheidungsfaktoren nach Boehm [BT03]

schneller sollte dieses darauf reagieren können. Aus diesem Grund werden die kritischen Erfolgsfaktoren nach Boehm um die zwei genannten Faktoren erweitert. Der prozentuale Projekteinfluss errechnet sich aus $\frac{\#Projekteinflüsse}{GesamtanzahlTeilprojekte}$ und der Faktor der Projektbeeinflussungen aus $\frac{\#Projektbeeinflussungen}{GesamtanzahlTeilprojekte}$. Das Ergebnis ist in Abbildung 4 zu sehen. Ein einzelnes Großprojekt mit Hilfe dieser Faktoren zu bewerten gestaltet sich durchaus als Herausforderung. Durch die zuvor geschehene Unterteilung in gekapselte Kompetenzbereiche kann jedes Teilprojekt eine andere architekturelle Vorgehensweise je nach Ausprägung wählen. Laut dem Standish Group Chaos Report aus dem Jahre 2013 sind kleine Projekte mit einem Budget <1 Mio USD deutlich erfolgreicher als Projekte mit einem Budget >10 Mio USD - im Vergleich scheitern nur 4% der kleinen Projekte im Gegensatz zu 38% der Großprojekte [Gro13]. Eine detaillierte Gewichtung der sieben kritischen Erfolgsfaktoren gegeneinander ist aufgrund mangelnder Ergebnisse aus der Primärforschung im Rahmen der Hausarbeit nicht möglich.

3.2 Risikoanalyse

Nachdem bereits die kritischen Erfolgsfaktoren und der Projektstrukturplan vorgestellt wurden, muss als nächstes die prozessuale Vorgehensweise definiert werden, wie die Entscheidungssituation herbeigeführt und bewältigt werden kann. Nach dem Vorbild des Spiral-Modells nach Boehm (vgl. [Boe88]) ist es möglich, in fünf Schritten einen risikobasierten Ansatz bei der Abwägung zwischen der Wahl von agilen und sequentiellen Vorgehensmethoden zu bestimmen und in eine übergreifende Entwicklungsstrategie zu konsolidieren. Diese Methodik basiert im Schwerpunkt auf den Fähigkeiten der Projektmitglieder, die ihre Umgebung, die organisatorischen Entwicklungsmöglichkeiten und die Identifikation und Zusammenarbeit mit den Stakeholdern beherrschen. Die Risikoanalyse soll Risiken aufzeigen und adressieren und eine Reihe von aufkommenden Fragen beantworten, aus der architekturellen Sicht wann die effiziente Balance zwischen YAGNI und BUFD erreicht ist:

- In einem ersten Schritt muss eine Risikobewertung bezüglich des Projektumfeldes und der agilen bzw. sequentiellen Vorgehensweise getroffen werden. Wenn zu viel Unsicherheiten vorliegen, empfiehlt es sich, diese durch Ressourceneinsatz zu minimieren.
- Im zweiten Schritt werden die Projektrisiken miteinander verglichen, ob die agilen oder sequentiellen Risiken überwiegen. Es wird immer die risikoärmere Variante gewählt. Weißt keine von beiden Alternativen ein geringeres Risiko

auf, muss Schritt drei vorgenommen werden, ansonsten kann direkt zu Schritt vier übergegangen werden.

- Wenn keine der Alternativen überwiegt, sollte eine Architektur gewählt werden, die im jeweiligen abgekapselten Kontext die Stärken einer jeder möglichen Variante hervorhebt und so die Risiken minimiert.
- Schritt vier fokussiert sich auf die Entwicklung der strategischen Vorgehensweise im Projekt und adressiert die identifizierten Risiken mit möglichen Lösungsszenarien. Es werden auch die Projektmeilensteine inkl. Lebenszyklusprozesse definiert.
- Im fünften Schritt muss eine Überwachung der Performance der gewählten Vorgehensweise stattfinden. Bei Abweichungen sollte eine Nachjustierung so schnell wie möglich erfolgen. Andererseits werden auch positive Abweichungen identifiziert, die z.B. den Kundennutzen steigern, die Auslieferungszeit minimieren usw.

4 Auswirkungen des Agilen Festpreisvertrages

„Der Agile Festpreis balanciert die Interessen von Anbieter und Kunde aus und schafft als neue Vertragsform ein kooperatives Modell für die Umsetzung, indem er Grundsätze der Zusammenarbeit und Flexibilität in der Ausgestaltung der Anforderungen bestmöglich vereint. Im Sinne der Budgetsicherheit und des Kostenbewusstseins in der Umsetzung zieht er eine Preisobergrenze ein. Dieser Vertrag enthält eine klare Methode, wie Teile des Leistungsgegenstandes (Sprints) auf Basis des Gesamtkonzeptes (Backlog) gemeinsam definiert und umgesetzt werden, aber er enthält keine finale Leistungsbeschreibung“[OGP+12, S. 31]. Die Definition des Agilen Festpreises und die bis dato bekannte Nachteile und Probleme bisheriger Vertragsformen bedeuten, dass mit Hilfe der neuen Vertragsform u.a. folgende Möglichkeiten geboten werden sollen [OGP+12, S. 40]:

- Reaktionen auf Anforderungsänderungen ermöglichen
- Aufwendige Detailanforderungen vor Projektstart vermeiden
- Definierte Qualitäts- und Budgetrahmen erfüllen
- Kurze Iterationszyklen zur Leistungsbewertung (Sprints)

Somit sollen innerhalb eines gesetzten Budget- und Zeitplanes eine möglichst hohe Ausbeute an Qualität und Umfang geliefert werden (vgl. [OGP+12, S. 43]).
Ein weiteres Merkmal für den Agilen Festpreisvertrag ist eine sog. Checkpoint-Phase, in der über eine Zeitspanne von x Sprints bzw. einen Umfang von y Storypoints die Zusammenarbeit getestet wird. Am Ende der vereinbarten Phase steht ein Checkpoint-Meilenstein, an dem entschieden wird, ob das Gesamtprojekt weiter durchgeführt wird oder nicht [OGP+12, S. 46].

5 Vorgehensweise im Gesamtprozess

Die aus Kapitel 2 bis 4 erarbeiteten Grundlagen und Vorgehensweisen werden im Folgenden in einem Gesamtprozess gesammelt, um einem unternehmerischen Entscheider einen systematischen Ablauf zur Entscheidungsfindung zu ermöglichen (vgl. Abbildung 5).

Nr.	Vorgehensschritt	Beschreibung
1	Projektdefinition	Die Projektdefinition liefert die Grundlage für die weitere Vorgehensweise und den Inhalt des Projektes. Dort werden die Ziele, Leistungen, Erfolgskriterien und eine Meilenstein-Grobplanung festgelegt und ein geschätzter Ressourcen- und Personalbedarf geschätzt [Hec04, S. 59].
2	Erarbeitung PSP	Die in der Projektdefinition erarbeiteten Fakten werden mit Hilfe eines Projektstrukturplanes ausführlich beschrieben und das Projekt strukturiert und weiter detailliert. Dies ermöglicht die vollständige Projektbeschreibung mit Hilfe von Arbeitspaketen.
3	Identifikation & Definition von Kompetenzbereichen	Nachdem der Projektstrukturplan erarbeitet wurde, können einzelne Kompetenzbereiche innerhalb des Großprojektes identifiziert und definiert werden.
4	Ableitung von Teilprojekten	Je Kompetenzbereich kann ein Teilprojekt abgeleitet werden, welches in eigener Hoheit entwickelt werden kann.
5	Vertragsgegenstand je Teilprojekt beschreiben	Die in einem Teilprojekt enthaltenen Arbeitspakete können zu einem eindeutigen Vertragsgegenstand verbunden werden.

6	Referenz-User Stories für Aufwandsschätzung ausarbeiten	Die in den Arbeitspaketen enthaltenen Aufwände können detailliert und designierte Arbeitspakete als Referenz-User Stories ausgearbeitet werden, um für den Auftragnehmer eine Aufwandsschätzung abgeben zu können.
7	Erarbeitung Projektabhängigkeitsmatrix	Aufgrund der Strukturierung durch den Projektstrukturplan ist es möglich, die Abhängigkeit der Projekte untereinander zu sichten und diese in einer Projektabhängigkeitsmatrix darzustellen. Die Beeinflussung/der Einfluss der Teilprojekte untereinander stellt einen kritischen Erfolgsfaktor dar, welcher einen maßgeblichen Teil am Gesamt-Projekterfolg innehat.
8	Risikoanalyse je Teilprojekt	Mit einer Risikoanalyse je Teilprojekt kann eine Grundlage für die Ausprägung der sieben kritischen Erfolgsfaktoren gelegt werden. Diese kann mit Hilfe der Methodik der fünf Schritte nach Boehm durchgeführt werden (vgl. Kapitel 3.2).
9	Bewertung der 7 kritischen Erfolgsfaktoren	Nun wird je definiertem Teilprojekt der Netzplan mit den sieben kritischen Erfolgsfaktoren befüllt. Ist nach der Bewertung keine eindeutige Bewertung des Teilprojektes möglich, muss dieses mit Hilfe des Projektstrukturplanes weiter zerlegt werden, bis eine eindeutige Entscheidung je Kompetenzbereich gefällt werden kann.
10	Beschluss über architekturelle Vorgehensweise	Mit Hilfe der Projektabhängigkeitsmatrix, der Risikoanalyse und dem befüllten Netzplan je Projekt kann ein Beschluss über die architekturelle Vorgehensweise gefällt werden.
11	Definition Checkpoint-Phase	Mit Hilfe einer Checkpoint-Phase können die getroffenen Annahmen verprobt und so der Erfolg des Projektes verifiziert werden. Am Ende dieser Testphase wird ein gesetzter Meilenstein entscheiden, ob das (Teil-)Projekt weiterhin so durchgeführt wird wie bis dato verprobt oder nicht (??).

12	Etablierung Controlling	Um einen Projekterfolg gewährleisten zu können, muss eine Controllinginstanz während der Projektdurchführung etabliert werden, um mögliche SOLL/IST-Abweichungen festzustellen und entsprechende Gegenmaßnahmen einleiten zu können.
13	Projektstart	Sind alle Formalien geklärt und die einzelnen Projekte beauftragt, kann das Großprojekt nun mit der Durchführungsphase beginnen.

Tabelle 3: Kumulierte Vorgehensweise im Gesamtprozess.
Eigene Tabelle.

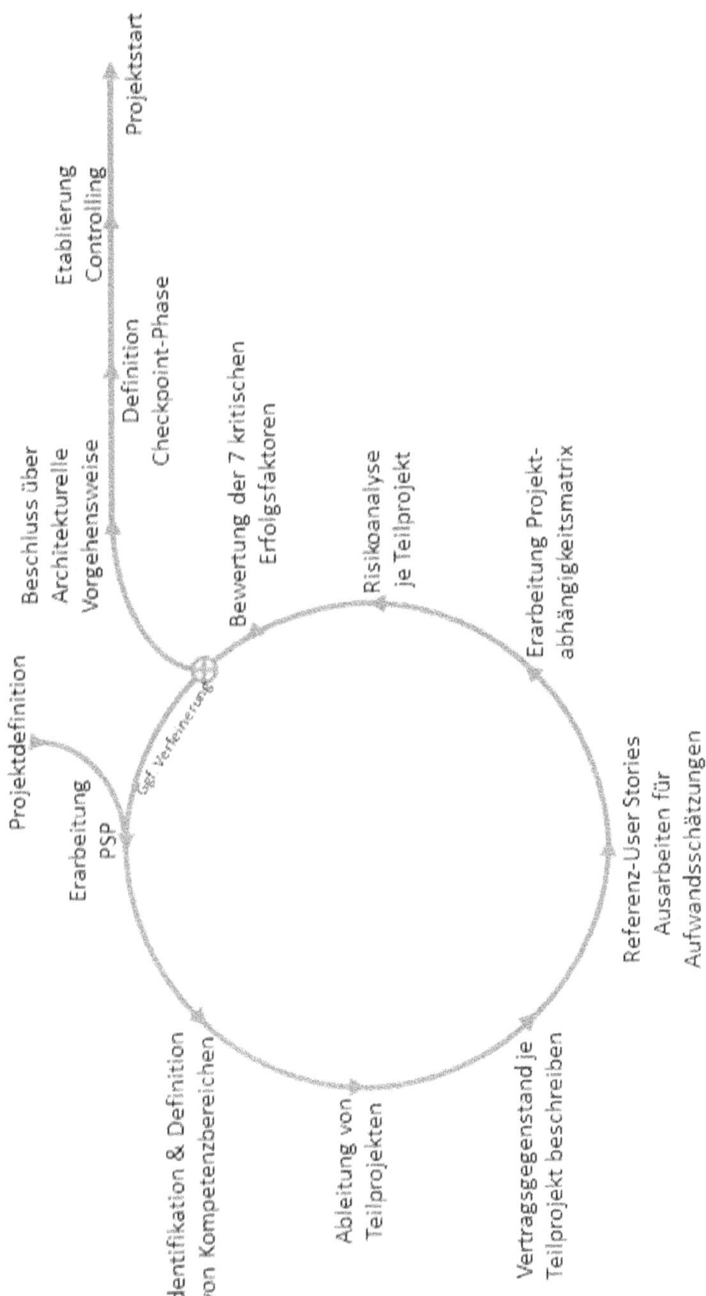

Abbildung 5: Visualisierte Vorgehensweise im Gesamtprozess.
Eigene Darstellung.

6 Reflexion

Eine direkte Messung des Erfolges des erarbeiteten Netzplans (vgl. Abb. 4) bzw. der Prozessbeschreibung (vgl. Abb. 5) ist in diesem Fall nicht möglich, da der Bearbeitungszeitraum und die Rahmenbedingungen der vorliegenden Arbeit keine Praxisverprobung erlauben. Aus diesem Grund muss die Erfolgsmessung auf der theoretisch erarbeiteten Grundlage erfolgen. Als Messgröße für den Erfolg wird der Erfüllungsgrad der in Kapitel 1.2 aufgestellten Hypothesen (vgl. Tabelle 1) als objektives Maß herangezogen:

Richtlinie	Bezug zur Arbeit	Erfüllungsgrad
Design als Artefakt	In der vorliegenden Arbeit wird versucht, aus praktischen Erfahrungswerten und angeeignetem (theoretischen) Domänenwissen ein neues Modell als Entscheidungsgrundlage für die Wahl der architekturellen Vorgehensweise in einem agilen Großprojekt zu schaffen.	Der im Kapitel 3 erarbeitete Netzplan und Prozess zeigen auf, dass es möglich ist, im Entscheidungskontext bezüglich der architekturellen Vorgehensweise eine objektive Entscheidungsgrundlage zu schaffen, mit der diese bestimmt werden kann.
Relevante Problemstellung	Die Zielsetzung der vorliegenden Arbeit zielt auf ein wirtschaftlich relevantes Problem ab, für welches explizit Lösungsalternativen gesucht werden.	Die Idee für die Erarbeitung eines Entscheidungsprozesses bzw. eines Netzplanes setzt auf dem Praxisproblem auf, dass die agile Vorgehensweise innerhalb von Großprojekten sehr risikobehaftet ist und die Wahl der architekturellen Vorgehensweise die langfristigen Kosten drastisch senken kann (vgl. Abbildung 2).

Evaluierung des Designs	Der abstrakt entwickelte Netzplan kann im Rahmen der Hausarbeit nicht an einem realen Fallbeispiel verprobt werden. Dies kommt einer ersten, nur teilweise repräsentativen Evaluation gleich.	Das erfolgreiche Erarbeiten der Prozessbeschreibung bzw. des Netzplanes zeigt auf, dass es möglich ist, eine Entscheidungsgrundlage für die Wahl der geeigneten architekturellen Vorgehensweise zu schaffen. Eine Praxisverprobung konnte im Rahmen der Hausarbeit nicht vorgenommen werden, was keinen Beweis für die Gültigkeit der Ergebnisse zulässt.
Forschungsbeitrag	Die Erarbeitung eines Netzplanes und der prozessualen Vorgehensweise als Grundlage für die Wahl der architekturellen Vorgehensweise ist in diesem Maß noch nicht durchgeführt worden und soll einen entsprechenden Forschungsbeitrag leisten.	Wie die Ergebnisse der theoretischen Modellierung aufzeigen, ist es möglich eine objektive Entscheidungsgrundlage und ein Prozessvorgehen für die Wahl der architekturellen Vorgehensweise zu schaffen.
Forschungssorgfalt	Die praktischen Erfahrungen und die der Literatur entnommenen Domänenkenntnisse ermöglichen die Konstruktion eines Design Artefakts. Eine Evaluation kann im Rahmen der Hausarbeit nicht durchgeführt werden und muss somit in weiteren Arbeiten erfolgen.	Bedingt durch eine ausführliche Recherche aktueller Literatur zu der thematisierten Domäne wird die Forschungssorgfalt erfüllt. Die Praxiserfahrung des Autors untermauert dies zusätzlich.

Design als Suchprozess	Die bisher gesammelte Erfahrungen des Autors werden mit theoretischen Grundlagen verheiratet. Die Erarbeitung eines Netzplanes und Prozessvorgehens soll eine generische Empfehlungsgrundlage für die Wahl der architekturellen Vorgehensweise bieten und mittel- und langfristig durch weitere Arbeiten verbessert werden.	Es wird versucht, die theoretisch erarbeiteten Ergebnisse auf möglichst hoher Abstraktion zusammen zu führen, um zukünftige Erweiterungen/Veränderung mit möglichst geringem Aufwand zu ermöglichen. Der spezielle Kontext des Netzplanes kann auch iterativ auf eine Allgemeingültigkeit hin ausgeweitet werden, um somit eine mittel- und langfristige Verbesserung des Design-Artefakts zu erreichen bzw. zu gewährleisten.
Ergebnis-kommunikation	Die im Rahmen der Arbeit aufkommenden Ergebnisse werden durch eine Präsentation in einem Fachkreis im Rahmen des Studiums kommuniziert und dient einer Sensibilisierung der dort anwesenden Personen. Eine spätere Publikation der Ergebnisse ist nicht ausgeschlossen.	Primär werden die Ergebnisse einem Fachpublikum im Rahmen einer Präsentation vorgestellt und die daraus resultierenden Vorgehensempfehlungen zur Diskussion gestellt. Eine detaillierte Publikation der Ergebnisse ist aufgrund des speziellen Kontextes nicht auszuschließen.

Tabelle 4: Erfüllungsgrad der sieben Richtlinien nach Hevner [HMP+04, S. 83]

7 Ausblick

Die stetig steigende Verbreitung Agiler Praktiken seit dem Jahre 2006 veranlasst viele Unternehmen, diese auch in der eigenen Organisation zu integrieren. Hierbei ist zu beachten, dass die Agilen Praktiken die Möglichkeit bieten, eine iterative Vorgehensweise einzuschlagen, ohne eine endlose Evaluierung im Rahmen eines Big Up-Front Designs zu beginnen. Die IT-Architektur eines Agilen Großprojektes ist keine reinrassige Ausprägung einer Vorgehensweise, da Großprojekte laut Definition immer in Teilprojekte untergliedert werden (vgl. [Ang]).

Dieser Umstand erzwang eine Betrachtung und Fokussierung auf die Teilprojekte und das Zusammenspiel im Kontext des Gesamtprojektes. Daraus wurden die sieben kritischen Erfolsfaktoren abgeleitet und haben visualisiert, wie diese die Wahl der architekturellen Vorgehensweise beeinflussen können. Somit kann bei der bloßen Betrachtung eines Großprojekts mit dessen Rahmenbedingungen keine pauschale Aussage getroffen werden, welche Vorgehensweise die langfristig niedrigsten Gesamtkosten verursacht. Der Trend des Agilen Festpreisvertrages eröffnet eine weitere Komplexitätsdimension, da damit das unternehmerische Risiko für den Auftragnehmer steigt. Dies wurde zusätzlich im Rahmen der Prozessmodellierung evaluiert und betrachtet.

Die in der vorliegenden Arbeit erarbeiteten Modelle sind aufgrund der fehlenden praktischen Evaluierung kein Garant für eine allgemeine Gültigkeit dieser. Hier müssen weitere Forschungsarbeiten aufsetzen, welche die Gültigkeit der gezeigten Modelle evaluieren und ggf. bestätigen, bzw. die Verfeinerung dieser anstreben.

Literatur

[And13] Nicolai Andler. *Tools Fur Projektmanagement, Workshops und Consulting.* 5. wesentlich überarbeitete und erweiterte Auflage. Publicis MCD Verlag,Germany, 2013.

[Ang12] Ramon Anger. *Lean Architecture 2012.* 2012.

[Ang] Dr. Georg Angermeier. *Großprojekt.* Projektmagazin Fachportal. `https://www.projektmagazin.de/glossarterm/grossprojekt` zugegriffen am 10.12.2013.

[BBB+01] Kent Beck, Mike Beedle, Arie van Bennekum u. a. *Manifesto for Agile Software Development.* `http://www.agilemanifesto.org/` zugegriffen am 29.11.2012. 2001.

[Boe88] Barry Boehm. "A Spiral Model of Software Development and Enhancement". In: *IEEE Computer* 21 (1988), S. 61–72.

[BT03] Barry Boehm und Richard Turner. *Balancing Agility and Discipline - A Guide for the Perplexed.* Boston: Addison-Wesley Professional, 2003.

[Coc01] Alistair Cockburn. *Agile Software Development.* Addison-Wesley Professional, 2001.

[CB10] James O. Coplien und Gertrud Bjørnvig. *Lean Architecture - for Agile Software Development.* New York: John Wiley & Sons, 2010.

[FWVH12] Ian Finley, Nathan Wilson und Gordon Van Huizen. *Hype Cycle for Application Development 2012.* Techn. Ber. Gartner Inc., 2012.

[GP02] Eliyahu M. Goldratt und Petra Pyka. *Die Kritische Kette - Das neue Konzept im Projektmanagement.* 1. Aufl. Frankfurt/Main: Campus Verlag GmbH, 2002.

[Gro13] The Standish Group. *The CHAOS Manifesto.* Techn. Ber. The Standish Group, 2013.

[Hec04] Dirk Heche. *Praxis des Projektmanagements - Mit 16 Abbildungen und 3 Tabellen.* Berlin: Springer DE, 2004.

[HMP+04] Alan R. Hevner, Salvatore T. March, Jinsoo Park u. a. "Design Science in Information Systems Research". In: *MIS Quarterly* 28 (2004), S. 75–105.

[JA01] Ron Jeffries und Ann Anderson. *Extreme Programming installed.* 1. Aufl. München: Addison Wesley Verlag, 2001.

[Lar03] Craig Larman. *Agile and Iterative Development: A Manager's Guide.* Amsterdam: Addison-Wesley Professional, 2003.

[MC01] Gunter May und Reiner Chrobok. "Priorisierung des unternehmerischen Projektportfolios". In: *Zeitschrift für Führung + Organisation* (2001), S. 108–114.

[Mül12] Wolfram Müller. *Scrum + Critical Chain = Reliable Scrum.* Projektmagazin Fachportal. https://www.projektmagazin.de/artikel/scrum-critical-chain-reliable-scrum_1074345 zugegriffen am 06.02.2014. 2012.

[OGP+12] Andreas Opelt, Boris Gloger, Wolfgang Pfarl u. a. *Der agile Festpreis - Leitfaden für wirklich erfolgreiche IT-Projekt-Verträge.* München: Hanser Fachbuchverlag, 2012.

[OBF+10] Hubert Österle, Jörg Becker, Ulrich Frank u. a. "Memorandum zur gestaltungsorientierten Wirtschaftsinformatik". In: *Schmalenbachs Zeitschrift für betriebswirtschaftliche Forschung* 62 (2010), S. 664–672.

[Pet91] Tom Peters. *Thriving on Chaos: Handbook for a Management Revolution.* Harper Perennial, 1991.

[Pic08] Roman Pichler. *Scrum - agiles Projektmanagement erfolgreich einsetzen.* Heidelberg: Dpunkt-Verl, 2008.

[PP06] Mary Poppendieck und Tom Poppendieck. *Implementing Lean Software Development: From Concept to Cash.* Addison-Wesley Professional, 2006.

[Sch04] Ken Schwaber. *Agile Project Management with Scrum.* Redmond, Wash: Microsoft Press, 2004.

[Sho06] James Shore. *Quality With a Name.* The Art of Agile. http://jamesshore.com/Articles/Quality-With-a-Name.html zugegriffen am 16.12.2013. 2006.

[Sut04] Dr. Jeff Sutherland. "Agile Development: Lessons Learned from the first Scrum". In: *Cutter Consortium Agile Project Management Advisory Service* (2004).

[VAC+08] Oliver Vogel, Ingo Arnold, Arif Chughtai u. a. *Software-Architektur: Grundlagen - Konzepte - Praxis.* Spektrum Akademischer Verlag, 2008.

www.ingramcontent.com/pod-product-compliance
Lightning Source LLC
LaVergne TN
LVHW042311060326
832902LV00009B/1416

* 9 7 8 3 6 6 8 0 7 9 5 7 1 *